राज़ हमारे अल्फ़ाज़ों का
RAAZ HUMARE ALFAAZON KA

शाम्भवी सिंह | आन्या सिन्हा | वैष्णवी श्रीवास्तव | रुचिका झा | शिवानशी सिंह | सोनल रॉय

Copyright © Shambhavi Singh, Aanya Sinha, Vaishnavi Srivastav, Ruchika Jha, Shivanshi Singh, Sonal Roy
All Rights Reserved.

This book has been published with all efforts taken to make the material error-free after the consent of the author. However, the author and the publisher do not assume and hereby disclaim any liability to any party for any loss, damage, or disruption caused by errors or omissions, whether such errors or omissions result from negligence, accident, or any other cause.

While every effort has been made to avoid any mistake or omission, this publication is being sold on the condition and understanding that neither the author nor the publishers or printers would be liable in any manner to any person by reason of any mistake or omission in this publication or for any action taken or omitted to be taken or advice rendered or accepted on the basis of this work. For any defect in printing or binding the publishers will be liable only to replace the defective copy by another copy of this work then available.

ये पुस्तक मैं अपने ही दोस्तों को समर्पित करती हूँ जिनकी रचनाएँ आपको इसी पुस्तक में पढ़ने को मिलेंगी| उनके बिना इस पुस्तक को प्रकाशित करना बिल्कुल नामुमकिन था|

क्रम-सूची

भूमिका	ix
1. ज़िंदगी के हर मोड़ पर	1
2. वक़्त आ गया	3
3. जरूरी था क्या	4
4. तुम याद आते हो	5
5. आओ गाँव चलें	6
6. बताओ मैं कौन हूँ	7
7. बारिश	8
8. तुम और तुम्हारी यादें	9
9. छन भर खुशी देकर तुम न जाने कहाँ खो गए	10
10. मेरे पापा	11
11. कैसे? सवाल हर औरत का	12
12. कोशिश तो कर	14
13. सुहाना सफर	15
14. अकेलापन	16
15. तेरी हँसी... खूबसूरत सी	17
16. बचपना बच्चों सा	18
17. ज़िंदगी की तार	19
18. मेरी कलम मेरी साथी	20
19. "समझो ना!"- देखो न सही, महसूस करो ना!	21
20. कृष्णा	22
21. माँ कहती थी..	23

क्रम-सूची

22. दादी	24
23. चार शब्द	25
24. ज़िंदगी	26
25. पिंजरा	27
26. इश्क़	28
27. इंतज़ार	29
28. है क्या?	30
29. बताओ ये भी कोई बात है?	31
30. लैवेंडर और चिंता	33
31. जब मैं चला गया	34
32. व्यर्थ	35
33. शब्दों का बोझ	36
34. अपना	37
35. नारी	38
36. आदत	39
37. यादें	40
38. माँ	41
39. ये भी तो इश्क़ है	42
40. इंटरनेट और प्यार	43
41. वो बारिश	44
42. बस एक बार आओ तो	45
43. चाँद, मैं और मेरा दिल	46

क्रम-सूची

44. कुछ बातें दिल की	47
45. अलग सी लड़की	48

भूमिका

"राज़ हमारे अल्फ़ाज़ों का" इस पुस्तक के नाम से ही पता चलता है कि इस पुस्तक में किसी के शब्दों के राज़ छुपे हुए हैं, वो राज़ जो शायद कभी दुनिया के सामने नहीं आते अगर यह पुस्तक प्रकाशित नहीं होती| ये सारे विचार, अल्फ़ाज़ अनसुने ही कहीं दफ़न हो जाते|

इस पुस्तक ने अपने अंदर ४५ कविताओं को जगह दी है| हर कविता अपनी अलग ही विशेषता को दर्शाता है| जैसे- जैसे आप पन्ने पलटोगे वैसे-वैसे आप कविताओं की दुनिया में घुलते चले जाओगे| कुल ६ नवीन कवित्रीयों ने अपने अल्फ़ाज़ इस पुस्तक को दिए है, और इस पुस्तक की रौनक बढ़ाई है|

1. ज़िंदगी के हर मोड़ पर

ज़िंदगी के हर मोड़ पर,
चाहिए तेरा साथ माँ|
गलती करने के पहले ही,
तू डांट के संभाल लेना माँ|
डर लगे जब भी मुझे,
आँचल मे छुपा लेना माँ|
पेट भर जाने के बाद भी,
ज़बरदस्ती रोटी खिला देना माँ|
अगर बीमार मैं हो जाऊँ तो,
मेरी चिकित्स तुम बन जाना माँ|
गिरकर गहरी चोट लगा लूँ तो,
ज़ख्म पर मलहम लगा देना माँ|
आँसू अगर आए आखों में,
तुम उसे पोंछ देना माँ|
उदासी से भरे हर लम्हों में,
मेरे होंठों की मुस्कान बनना माँ|
मेरे हर खुशी में शामिल होकर,
उसकी रौनक को बढ़ा देना माँ|
बुरी नजर से बचाने के लिए,
तुम मेरा काला टीका बनना माँ|
हमेशा सलामत रहे ज़िंदगी मेरी,
ईश्वर से तुम यही दुआ करना माँ|

परेशानियों में जब डूब जाऊँ तो,
नाविक बन नदी पार करा देना माँ|
ज़िंदगी के हर मोड़ पर,
चाहिए तेरा साथ माँ|
गलती करने के पहले ही,
तू डाँट के संभाल लेना माँ|

-शाम्भवी सिंह

2. वक़्त आ गया

हे भारतवासियों! विदा लेने का तुमसे वक़्त आ गया|
तिरंगे मे लिपट कर घर लौटने का वक़्त आ गया|
हजारों आखें नम करने का मेरा वक़्त आ गया|
न्यूज चैनल की हेड्लाइन बनने का वक़्त आ गया|
बच्चों के सिर से पिता का साया उठने का वक़्त आ गया|
और हाँ, लोगों की इंस्टा स्टोरी बनने का वक़्त आ गया|
इतिहास के पन्नों पे अपना नाम दर्ज करवाने का वक़्त आ गया|
मेरे नाम के आगे अब शहीद जुड़ जाने का वक़्त आ गया|

-शाम्भवी सिंह

3. जरूरी था क्या

वक़्त बुरा तो आता ही है न
ज़रूरी तो तुम्हारा साथ रहना था ना?
जब तुम्हें साथ छोड़ ही देना था
तो सात फेरे लेना ज़रूरी था क्या?
जब रास्ते में मुझे अकेला ही छोड़ना था
तो हाथ थामना ज़रूरी था क्या?
जब ज़िंदगी से निकाल ही देना था
तो साथ चलना ज़रूरी था क्या?
जब वादों को निभाना नहीं था
तो झूठे वादे करना ज़रूरी था क्या?
जब तुम्हें फिर अजनबी ही बनना था
तो ज़िंदगी में दस्तक देना ज़रूरी था क्या?
जब रिश्ता निभाया नहीं जा सकता था
तो शादी के बंधन में बंधना ज़रूरी था क्या?
जब तुम्हें मुझसे तलाक ही लेना था
तो मुझसे इश्क़ करना ज़रूरी था क्या?

-शाम्भवी सिंह

4. तुम याद आते हो

चलो आज तुम्हें
कागज़ पर उतार लूँ,
बिताए साथ वो लमहें
मैं फिर सवार लूँ|
शायद इस टूटे रिश्ते को
काले टीके की जरूरत है,
पर किस्मत हमें साथ नहीं
रखना चाहती यह भी हकीकत है|
तुम नहीं, पर तुम्हारे साथ
बिताए वो लमहें याद आते हैं,
जिन लम्हों को याद करने से
मेरी आखें भी भर जाते हैं|
उतारा है तुम्हें आज कागज़
पर जानबूझकर, अब यहाँ से
तो नहीं जा पाओगे न भागकर|
देखो लफ्जों में मेरे कैद हो गए तुम,
मेरे तो नहीं, पर मेरे कलम के
गुलाम बन गए तुम|

-शाम्भवी सिंह

5. आओ गाँव चलें

शहरों में तो अक्सर घुमा करते हैं हम,
तो चलो न आज गाँव चलते हैं हम|
फर्श पे तो रोज़ लगाते ही हैं पोंछा हम,
क्यूँ न आज माटी से पूरे घर को लिपे हम!
बाज़ार से तो रोज खरीदते ही हैं महंगी सब्ज़ी हम,
तो चलो न आज खेतों से ताज़ी सब्ज़ी तोड़ लाएँ हम|
बल्ब की रौशनी में खाना रोज पकाते ही हैं हम,
क्यूँ न आज लालटेन की रौशनी में रोटियाँ सेकें हम!
ऐसी चलाकर बिस्तर पर नींद लेते तो हैं हीं हम,
तो चलो आज खटिया बिछा purirात बातें करें हम|
शहर की भाग दौर वाली ज़िंदगी से कितने तंग हो गए हैं हम,
चलो न मन को शांत करने आज गाँव चलते हैं हम|

-शाम्भवी सिंह

6. बताओ मैं कौन हूँ

मारी जाती हूँ मैं कोख में जन्म लेने के पूर्व ही,
बताओ मैं कौन हूँ?
मेरे जन्म लेने पर थाली पीट करते नहीं शोर,
बताओ मैं कौन हूँ?
भ्रूण जाँच जैसी प्रथाएँ मुझपर आजमाए जाते हैं,
बताओ मैं कौन हूँ?
गंदे नियत वाले रैपिस्ट की शिकार मैं बन जाती हूँ,
बताओ मैं कौन हूँ?
अपने परिवार में ही मैं परायधान समझी जाती हूँ,
बताओ मैं कौन हूँ?
दहेज की तुच्छ मांग करके मेरे माँ-बाप को लूटा जाता है,
बताओ मैं कौन हूँ?
ज़माना इतना आगे बढ़ने के बावजूद लोगों की सोच मेरे
प्रति नहीं बदली,
बताओ मैं कौन हूँ?

-शाम्भवी सिंह

7. बारिश

meindhak की टर्र-टर्र
को मधुर बना दे
वो धुन है बारिश!
चाय पकोड़े की जो
तलब जगा दे
वो भूख है बारिश!
तैरें गली में
कागज़ के नाओं
वो कला है बारिश!
उखड़े हुए मन को
शांत कर दे
वो दवा है बारिश!
धरती की जो प्यास
को बुझा दे
वो सर्वश्रेष्ठ है बारिश!

-शाम्भवी सिंह

8. तुम और तुम्हारी यादें

महीना, समय, तारीख मुझे इनमें से कुछ याद नहीं,
पर तुम्हारे लंबे बाल और लाल साड़ी मुझे याद हैं|
तुम कितनी खूबसूरत लग रही थी उस दिन,
आखों में काजल और माथे पे बिंदिया भी लगाया था तुमने|
तुम्हारे हाथों की मेहंदी में छुपा मेरा नाम, याद है मुझे,
मुझे हमारी शादी से एक तुम्हारा चेहरा ही तो याद है|
तुम्हारा वो शर्मा कर हँसना मुझे आज भी सुकून देता है,
लेकिन तुम्हारा मुझे अकेला छोड़ जाना मेरी रूह को रुला देता है|
तुम्हारी पायल की छम- छम को एक बार फिर सुनना है,
बालों मे गजरा और मांग में सिंदूर मुझे फिर भरना है|
हे प्रिय मुझे तुम्हें स्वर्ग में भी सुहागन करना है,
तुम्हारे साथ बिताए हर लम्हों को मुझे फिर महसूस करना है|

-शाम्भवी सिंह

9. छन भर खुशी देकर तुम न जाने कहाँ खो गए

(सुशांत सिंग राजपूत को समर्पित)

छोर के गए तुम्हें सुशांत अब न जाने कितने दिन बित गए,
छन भर खुशी देकर तुम न जाने कहाँ खो गए|
मनाऊँ कैसे मैं खुदको की तुम अदृश्य हो गए,
छन भर खुशी देकर तुम न जाने कहाँ खो गए|
न्याय दिलाते- दिलाते कोर्ट भी अब शांत हो गए,
छन भर खुशी देकर तुम न जाने कहाँ खो गए|
मर्डर है या आत्महत्या लोग यही गुथी सुलझाते रह गए,
छन भर खुशी देकर तुम न जाने कहाँ खो गए|
अपने मन के जज़्बात को खुद में दफ़न कर तुम यहाँ से चले गए,
छन भर खुशी देकर तुम न जाने कहाँ खो गए|
खुद तो तुम चले गए, हम यहाँ हताश रह गए,
छन भर खुशी देकर तुम न जाने कहाँ खो गए|

-शाम्भवी सिंह

10. मेरे पापा

पाल पोस कर बड़ा किया, वो मेरे पापा हैं महान,
मेरी खुशियां पूरी करने को, अपनी जरूरतों का किया बलिदान|
कड़ी धूप में धक्के खा कर, क्या मुसकुराना है आसान?
मेरे सुपरहीरो, मेरे जिन्न, मेरे पापा हैं मेरा अभिमान!
उनके इस अमूल्य प्रेम का, मैं मूल्य तो नहीं चुका पाऊँगी,
पढ़ लिख कुछ बन जाऊँ तो उनका सिर गर्व से ऊंचा कराऊँगी|

-शाम्भवी सिंह

11. कैसे? सवाल हर औरत का

जब मर्द और औरत बने एक जैसे, जन्में एक जैसे
तो मर्द के जन्म पर मिठाई और औरत के होने पर माँ की पिटाई कैसे?
जब मर्द और औरत पढ़े एक जैसे, बढ़े एक जैसे,
तो मर्द के लिए दहेज और औरत के लिए ज़हरीले ताने कैसे?
औरत अपना दर्जा मांगे ना कैसे?
जब मर्द को मिले हर सम्मान, हर शान
तो औरत कैद रहे कैसे?
हर ज़ुल्म सहे कैसे?
जब मर्द उड़े परिंदों की तरह, बहे हवा जैसे
तो औरत परी बने न कैसे?
अपना पंख फैलाए न कैसे?
जब मर्द चल सकता है हर वक़्त, दौर सकता है जैसे चाहे वैसे
तो औरत आवाज़ उठाए न कैसे?
अपने कदम बढ़ाए न कैसे?
जब कपड़े सफ़ेद दोनों ने पहने, जब दाग दोनों पर बराबर लगे
तो औरत अकेली गंदी कैसे?

शाम्भवी सिंह, आन्या सिन्हा, वैष्णवी श्रीवास्तव, रुचिका झा, शिवानशी सिंह, सोनल रॉय

औरत गिरी हुई कैसे?
सिर्फ औरत ही चरित्रहीन कैसे?

-आन्या सिन्हा

12. कोशिश तो कर

देख तारों को, और एक और कोशिश कर,
अरे मेरी जान, तू उड़ना शुरू तो कर...
भूल जा सारी मुश्किलें, तू चल डटकर
नज़र ऊपर कर, कब तक रहेगी शरमाकर?
तू खुद को पहचान, दिखा दे अपनी शान
क्या नहीं पाना जहां में सम्मान?
माना ये होगा ना उतना आसान...
पर तू शुरू तो कर मेरी जान...
तू चल सारी बंदियों को तोड़ कर...
कदम बढ़ा कोशिश को जोड़ कर,
हाँ जानती हूँ लगेगी ठोकर,
मुकड़ ना जाना रुक कर...
तब तक न रुकना जब तक मान न मिले
ज़मीन तो अपनी थी ही, आसमान ना मिले
आखिरी हिम्मत को सलाम न मिले,
खड़े रहना अड़े रहना, जब तक
तेरे नाम का मिसाल न मिले...

-आन्या सिन्हा

13. सुहाना सफर

कभी हँसने तो कभी रोने का बहाना...
कभी खुशी तो कभी गम का आना जाना...
मंजिल तो बस मिल ही जानी है,
हमें तो जिसका मज़ा लेना है,
वह है सफर सुहाना...
कभी टेढ़े तो कभी सीधे रास्तों का सामना...
कभी आशा तो कभी निराशा का आना,
कभी गलती तो कभी किस्मत का बहाना...
मंजिल तो बस आ ही जानी है ,
हमें तो जिसका मज़ा लेना है,
वह है सफर सुहाना...

-आन्या सिन्हा

14. अकेलापन

" जैसे रोते हुए पल में, सुना सा आँगन,
जैसे दर्द भरे लम्हे, वैसा ये अकेलापन"
"जैसे टूटे हुए सपने, जैसे बिन खिलौने बचपन,
जैसे सूखे हुए दिन, वैसा ये अकेलापन"
"जैसे महफ़िल में भी तन्हाई, बिन बात के अनबन,
जैसे बुझे हुए रात, वैसा ये अकेलापन"
"जैसे निराश सी शाम, उम्मीदओं की कतरन,
जैसे खुद में खोए रहना, वैसा ये अकेलापन"

-आन्या सिन्हा

15. तेरी हँसी... खूबसूरत सी

गर्मी के मौसम में, सावन की बूंदों सी,
सर्दी के रातों में, सुनहरी धूप सी ,
बरसात के शोर में, ताज़ी दोपहरी सी,
ये तेरी हँसी एक राहत सी।
थकान भरे पल में, पानी के छिटों सी,
ठंड भरी रातों में, कंबल की गर्मी सी,
दो दिन के उपवास में, पहले निवाले सी,
ये तेरी हँसी एक सुकून सी।
छोटे बच्चों के हाथ में, पहले खिलौने सी,
रोते हुए आखों में, खुशी की लहर सी,
हार वाली ज़िंदगी में, जीत सी,
ये तेरी हँसी एक उम्मीद सी।

-आन्या सिन्हा

16. बचपना बच्चों सा

इस समझदारी की दौर में, पागल सा है बचपना,
इस कोयले जैसे स्वार्थ में, हीरे सा है बचपना|
कहने को तो आदत है हमारी,
देखो तो सायनेपन की कमी है,
लेकिन समझो तो,इस दोहरे फितरत के
जमाने में, सीधा खरा सोना है बचपना|
दर्द के वार में, ज़िंदगी की हार में,
तीखे जुबान की धार में, आँसू की मार में,
खिलखिलाती हुई मुस्कान है बचपना|
देखो तो नासमझी है, सोचो तो लापरवाही है,
पर जब गौर करो तो जन्नत है बचपना|

-आन्या सिन्हा

17. ज़िंदगी की तार

ज़िंदगी की तार, एक लंबी कतार,
कभी पतझड़ की मार, कभी मौसम बहार।
कभी जीत की खुशी, कभी तोड़ने वाली हार,
कभी थकान भरे दिन, कभी आराम की बौछार।
कभी दर्दों की वार, कभी हँसी की फुहार,
कभी हरे भरे ज़ख्म, कभी मरहम वाले यार।
कभी जलाने वाली गर्मी, कभी ठंड वाले प्यार,
कभी पाने की खुशी, कभी लंबा इंतज़ार।
कभी आखों में नमी, कभी जी भर के दुलार,
कभी खुशनसीबी के पल, कभी करती लाचार।
ये ज़िंदगी के किस्से, सुख- दुख के हिस्से है मेरे यार,
ये ज़िंदगी की तार एक लंबी कतार, जो ये कट जाए, टूट जाए,
जुड़ती नहीं बार-बार, यह ज़िंदगी की तार।

-आन्या सिन्हा

18. मेरी कलम मेरी साथी

स्याही से मोहब्बत करके, हाथों से सहारा लेकर,
दाग नहीं आग उगलती है, मेरी कलम
दर्दों का नमूना लेकर, आसुओं को बंदी बनाकर
कोरे कागज़ में जान भर्ती है, मेरी कलम|
मन में छुपी बातें, दिल में दबी यादें,
बाहर निकालकर, आस भर्ती है, मेरी कलम|
कभी कोई शिकायत नहीं, कभी कोई फरमाइश नहीं,
मेरे हर जज़्बात को एक आकार देती है,
हर वक़्त मेरा साथ देती है, मेरी कलम,
मेरी प्यारी कलम|

-आन्या सिन्हा

19. "समझो ना!"- देखो न सही, महसूस करो ना!

जब कभी पागलों की तरह हसंती हूँ,
तो पीछे का दर्द समझो ना।
जब आसुओं से लड़ती झगड़ती हूँ,
तो प्यार की जरूरत समझो ना।
हर वक़्त अपनी मनमानी करते हो
जब मन करे पास, जब मन करे दुर होते हो
कठपुतली नहीं, गुड़िया भी कभी समझो ना।
कभी हम भी टूटते हैं, कभी हम भी रूठते हैं
अकेलापन हमें भी होता है, दर्द हम भी सहते है।
प्यार से मनाकर, अपने बराबर समझो ना।
जरूरी नहीं हर वक़्त जरूरत हो,
कभी हमारी भी कुछ ख्वाहिश समझो ना।

-आन्या सिन्हा

20. कृष्णा

श्याम रंग का नटखट है वो,
माखन चोर सभी कहते
यशोदा माँ का लाड़ला है वो,
कान्हा नाम है सब जपते|
सुबह- सुबह वो धेनु चराये,
बाँसुरी से सबके मन को लुभाए,
रास रचाए राधा के संग,
सिर पे लगाए मोर पंख|
सबके सुख-दुख का वो साथी,
वासुदेव और देवकी नंदन,
बलराम का जिसको है संरक्षण,
श्री कृष्णा... गोविंद हरी|

-वैष्णवी श्रीवास्तव

21. माँ कहती थी..

माँ कहती थी...
बड़ी हो रही जरा संभाल के रहना,
कपड़े अब थोड़े ढंग से पहनना।
स्कूल जाना तो सिर्फ पढ़ने,
लड़कों से ज्यादा दोस्ती मत करना।
हँसना भी तो जरा धीरे से,
किसी रास्ते पे अपनी नज़र मत उठाना।
चेहरे को हमेशा ढक कर रखना,
ज्यादा बाहर घूमने ना जाना।
दुनिया दारी की तुम्हें अभी समझ नहीं,
अजनबियों से तुम दूरी बनाना।
कहती थी अजनबियों से रास्ता भी ना पूछना तुम,
"फिर क्यूँ आज एक अनजान लड़के के साथ बांध रही माँ तुम मुझे?"
रोक लो मुझे अपने पास, एक अजनबी है वो मेरे लिए अभी,
"उस अजनबी के साथ नहीं रह पाऊँगी मैं, तुम रोक लो न मुझे।"

-वैष्णवी श्रीवास्तव

22. दादी

कभी कहानी सुनाती...
तो कभी प्यार से सुलाती ...
दादी मेरी मुझे बहुत थी चाहती...
अपने बचपन की बातें थी बताती..
कभी चुपके से पैसे भी दे जाती..
दादी मेरी मुझे बहुत थी चाहती...
कभी मां की डाट से बचाती..
कभी पापा पर गुस्सा हो जाती...
दादी मेरी मुझे बहुत थी चाहती..
अब क्यू नहीं तुम मेरे साथ हो दादी...
उन सितारों में अब तुम क्यों छुप जाती...
कभी-कभी तुम सपनों में आती...
और अब तो तुम्हारी बहुत याद सताती ..
मुझे पता था.. तुम मुझसे सबसे ज्यादा थी चाहती..

-वैष्णवी श्रीवास्तव

23. चार शब्द

शब्द एक नहीं, शब्द हज़ार थे
पर जिनसे इश्क़ बयान कर सके
वो गिनती के शब्द बस चार थे...
बयान कैसे करूँ उन शब्दों से बताओ...
जताना नहीं आता हक़,तुम जता कर तो बताओ...
मुस्कुराना नहीं आता, तुम मस्कुरा कर तो दिखाओ...
खुल कर जीना नहीं आता, तुम जी कर तो दिखाओ...
लफ़्ज़ लिखे नहीं जाते पन्नो पर, तुम लिख कर तो दिखाओ...
आज हक़ से बता देती तुम्हे...
पर तुम हक जता कर तो दिखाओ...
दूर रहने का दिल नहीं है...
पर तुम दूरियाँ मिटा कर तो दिखाओ...
साथ रहना है जिंदगी भर...
तुम हाथ थाम कर तो दिखाओ...
कैसे करू इज़हार उन चार शब्दों से बताओ...
बयान कैसे करूँ तुम करके तो दिखाओ..

-वैष्णवी श्रीवास्तव

24. ज़िंदगी

चलते- चलते ज़िंदगी का सफर है बिताना,
चार दिन की ज़िंदगी, फिर मौत से है टकराना|
चलते- चलते कभी रुक मत जाना,
चार कदम का सफर और दिन है सुहाना,
बित जाएगा आसानी से बस हँस के इसे बिताना,
चार पल की ज़िंदगी, और फिर से है मर जाना|
याद रखेंगे कुछ लोग, जिनके साथ बिताया था ज़माना,
निकले तो सही, फिर वापस लौट जाना,
दिन गुजर जाएंगे, इन्हे गम में मत बिताना|
चार दिन की है ज़िंदगी, फिर कब्र में ही है छिप जाना|

-वैष्णवी श्रीवास्तव

25. पिंजरा

तोड़ कर पिंजरा वो भागना चाहती थी,
सारी बंदिशों से लड़ना चाहती थी|
की सपने उसके सब टूट से रहे थे,
और खुद के बंधन भी रूठ रहे थे|
बस खुद के लिए वो उड़ना चाहती थी,
अपने सपने को वो पूरा करना चाहती थ|
बुरी नज़रों ने ऐसी तीर मारे,
के टूट गए पंख उसके सारे के सारे|
अब वो कभी उठकर चमकते सूरज को ना देखती,
ना मुड़ कर कभी अपने सपनों को सोचती,
सिर्फ एक अफसोस उसे रोज़ था रुलाता,
गलती क्या थी उसकी, जो उसके पखों को काटा?
-वैष्णवी श्रीवास्तव

26. इश्क़

धीरे- धीरे हो रहा है,
क्या किया जाए?
इश्क़ तुमसे हो रहा है,
कैसे रोका जाए?
रोक लूँ इसको या जता दूँ क्या?
तुम इश्क़ हो मेरे, तुम्हें बता दूँ क्या?
अगर बता दूँ तुम्हें,
तुम छोड़ तो ना दोगे ना?
जो भी रिश्ता है हमारा,
वो तोड़ तो ना दोगे?
जानेमन सुनो एक बात,
"हाँ हमें इश्क़ है तुमसे!"
पर ना जताएंगे आज|
कभी, आना तुम मेरे पास,
बस इश्क़ है तुमसे,
ये कहना मुझसे के तुम हो मेरी,
और रहना हमेशा मेरे साथ||

-वैष्णवी श्रीवास्तव

27. इंतज़ार

कभी देखने को उन्हे...
कभी उनकी बातें सुनने को...
इंतजार में उनके हम तरस से जाते हैं...
कभी उनके साथ रहने को...
तो कभी उनसे मुलाकात करने को
इंतजार में उनके हमारे आंख तरस जाते हैं...
कभी सुनने के लिए तारिफें...
तो कभी लपरवाही करने की डांट ...
इंतजार में उनके हमारे कान तरस जाते हैं...
कभी प्यार से छूने को...
तो कभी हाथ पकड़ने को...
इंतजार में उनके हमारे हाथ तरस जाते हैं...
कभी आए उन्हे याद हमारी ...
तो महसूस करेंगे वो भी...
की इंतजार में उनके हम कितना तरस जाते हैं..

-वैष्णवी श्रीवास्तव

28. है क्या?

गुस्ताखियाँ है जरा माफ करना
नाराज़गी में भी साथ रखना
प्यार करके जताना जरुरी है क्या..?
ज़रूरी तो है उन प्यार से निहारते हुए पलकों की..
जो अगर दिख जाएँ,तो शर्मना ज़रूरी है क्या..?
क्या करू अगर दिखा नहीं पाती
प्यार तुमसे है पर जता नहीं पाती
तुझे क्या पता तेरे इंतजार में कितना वक्त गुज़ारा है
एक दो बार नहीं, दिन में हज़ार बार तेरी तसतस्वीरों को निहारा है..
अगर ये नहीं है प्यार तो तुम ही बता दो,
कैसे karunबयान जो दिल में है मेरे?

-वैष्णवी श्रीवास्तव

29. बताओ ये भी कोई बात है?

बताओ ये भी कोई बात है?
जब कोई कहता है की वो खुश है,
खुशी होती खाख है|

बताने की मर्जी नहीं होती, मन में क्या बात है|
वैसे तो यह सोलह सावन की रात है,
लेकिन आंखों में नींदों से ज्यादा बचे ख़्वाब है|
बताओ ये भी कोई बात है?

वैसे तो अभी तुमसे ना कोई शिकवे न मुटाव है,
फिर भी दिल में ना कोई अरमां या इल्ज़ाम है|
बताओ यह भी कोई बात है?

कोई नहीं जानता कैसे संभाले मैंने अपने जज़्बात हैं,
फिर भी मुझपर उंगली उठाना सबको याद है|
इन आंसू तले दबकर चली गई कितनी रात है,
फिरभी इसका ना कोई घाटा न लाभ है|
बताओ ये भी कोई बात है?

वैसे सुनने में अच्छा नहीं लगेगा लेकिन,

तुम्हारी हर कोशिश अभी भी नाकाम है|
पर क्या करें इस इंसान का यही मकाम है,
बताओ यह भी कोई बात है?

-रुचिका झा

30. लैवेंडर और चिंता

वे कहते हैं कि लैवेंडर चिंता में मदद करता है इसलिए मैंने
अपने दिमाग में एक बगीचा लगाया,
लेकिन हवा धुएं से भरी है
जलती इमारतों से
और मैं सांस नहीं ले सकता
मैं लिखने बैठ गया
कुछ ऐसा जो कम से कम
प्रकाश की एक चुटकी देता है
लेकिन मेरा सिर गहरे भूरे बादलों से घिरा हुआ है,
यहां कोई जीवित नहीं है,
मैंने एक लैवेंडर सुगंधित मोमबत्ती जलाने की कोशिश की,
वे कहते हैं कि यह वास्तव में मदद करता है
लेकिन धुएं ने कमरे को भर दिया है
मैं वास्तव में सांस नहीं ले सकता
अब दुनिया के दूसरी तरफ
पक्षियों के चहकने के साथ मिश्रित
मेरी दुनिया से सुना जा सकता है
और मुझे नहीं पता कि
अब वास्तविक क्या है?

-रुचिका झा

31. जब मैं चला गया

जब मैं मर गया और चला गया तो मुझे मौन में रहने दो।
हिंसा को शांति के संकेतों में बदलने दो।
और दबी हुई इच्छाओं के बेकमी सितारों से मेरे खून को
सबसे गहरी भूमि तक पहुंचने दो,
जहां बहती नदी में सूरज डूबता है,
और मुझ पर मंडराने वाले खतरे का स्वाद चखने दो।
अरे तुम क्यूँ डरते हो
जब मैं जा चुका हूँ
तो तुम भी शांति से रहो।

-रुचिका झा

32. व्यर्थ

आप कैसे कहते हैं कि आपका दिमाग भूलभुलैया से भरा है?
केवल मृत सिरों के साथ
जिनमें से सभी अद्भुत में शामिल हैं
जब आप आंखों पर पट्टी बांधकर संकरी घाटियों से पूरी गति से दौड़ने को मजबूर हैं
आप कैसे कहते हैं कि आप इतने गुस्से
से भरे हुए हैं कि जो सब कुछ फैलाना चाहता है
और मुझे बताएं क्यूँ जब
आप खुद से दौड़ना बंद नहीं
कर सकते तो कोई
आपकी भावनाओं को नहीं
रोक सकता?
मुझे बताओ कि कौन ऐसा शीशा रखना चाहेगा
जो टूटता रहता है
जो कुछ भी नहीं दर्शाता है
जो खुद को देख भी नहीं सकता?

-रुचिका झा

33. शब्दों का बोझ

मुझे नहीं पता था कि मेरे
शब्द कितने भारी थे जब तक कि
मैंने महसूस नहीं किया कि वे मेरे कानों में टकरा रहे हैं
जब तक मैंने हर एक शब्द को
मेरे हाथ से गिरने वाले कांच की
तरह टूटता हुआ नहीं सुना,
जब तक मैंने अपने सीने में
वह दर्द महसूस नहीं किया,
और अफसोस मेरे गले में उठ रहा है
मुझे लगता है कि मुझे एहसास नहीं हुआ कि मेरे लिए
यह कितना मायने रखता है मुझे क्या कहना है जब
मुझे यह एहसास हुआ
तब मुझे पता चला की
तुम तो मुझे सुन भी नहीं रहे थे!

-रुचिका झा

34. अपना

एक गम हो तो कोई हाल सुनाए अपना,
दो घड़ी के लिए कोई दर्द भुलाए अपना।
शक की आंधी से कई घर तबाह होते हैं,
बिना शर्तों के कोई मुझको बनाए अपना।
एक दूजे की तरक्की में खुशी मिल जाए,
सारी दुनिया को नया चेहरा दिखाए अपना।
साथ चलते हैं जो वो साथ निभाना सीखें,
मुझे मेरी गलतियों पर भी कहो अपना।
मुझे दुनिया से छुपा कर नहीं रखना,
मेरे कदमों से कोई कदम मिलाए अपन।
ये किताबों मे क्यू बताऊं मैं
अरे! कोई तो प्यार का अम्बर लुटाए अपना।

-शिवांशी सिंह

35. नारी

कब तक आग पर चलना होगा नारी को
कब तक रोक के रख पाए चिंगारी को?
मर्दों को दर्दों का कब एहसास होगा
कब रोकेगी जनता अत्याचारी को?
साल में दस त्योंहरो पर देवी की पूजा
हर दिन दिया बढ़वा क्यों दानव को?
सदियों से यू चिर हरण क्यूं होता आया
कब जर से काटोगे इस बिमारी को?
ललकारों अपनी सोई हुई खुदारी को
मूर्ख जनता कब समझेगी लाचारी को?
अबला को अब शास्त्र उठाना होगा
तोड़ना होगा भारी चार दिवारी को।।

-शिवांशी सिंह

36. आदत

बे -बात हमे रोने की आदत सी हो गई है,
एक कमरे के कोने की आदत सी हो गई है।
टूटे हैं हौसले, मेरे बिखरे यहाँ सारे अरमान,
पर ख्वाब संजोगने की आदत सी हो गई है।
क्यों खेलते हैं दिल से दो चार घड़ी लोग?
टूटे हुए खिलौने की आदत सी हो गई है।
क्यों मुझे पूछते हो कि क्या बीती मेरे संग?
आंखो को भिगोने की मुझे आदत सी हो गई है।
अब भी मुझे रहता है न जाने किसका इंतज़ार,
पर अब खामोश रहने की आदत सी हो गई है।

-शिवांशी सिंह

37. यादें

यादों में डूबी शाम तेरे नाम करूँ,
कही फुर्सत मिले तो थोड़ा- सा आराम करूँ ।
ये जिंदगी तो इमतिहा अक्सर लेती है,
जहां सुकून मिले मैं वही पे शाम करूं।
रातों को ढलने से कोई न रोक पाया
तो मैं कैसे रौशनी का इंतजाम करूं?
बेचैन रात को करवटें बदलती रहूं, या
जगा के दिल को अपनी निंदे हराम करूं?
जो बीत गया उसपे क्या रोना
पुराना किस्सा कुछ इस तरह तमाम करूं।।

-शिवांशी सिंह

38. माँ

मैं आज तक कभी ये जान न पाया,
माँ को बिन कुछ कहे कैसे सब समझ आया !
माँ के पास अवयश होगी एक जादू की छड़ी,
मांगने के पहले ही कर देती वो सभी ख्वाहिशें पूरी!
माँ तो वो रिश्ता है जो इस दुनिया में है सबसे खास,
माँ, तुम सदेव रहोगी न मेरे सुरक्षा के लिए मेरे पास?

-शिवांशी सिंह

39. ये भी तो इश्क़ है

वो कहते है तुम्हारा इश्क़ , इश्क़ नहीं ,
वो एक तरफी फिक्र, फिक्र नहीं,
वो सबसे छुपाके उनकी तस्वीर देखना मोहोब्बत नहीं,
वो उन्हें छुप कर देखना प्यार नहीं।।
मानती हूँ इस प्यार के बदले प्यार कभी नहीं मिलगा,
इस फिक्र के बदले कभी फिक्र नहीं मिलेगी,
पर यू मेरे प्यार को प्यार ना कहना, इससे मुझे क्या न्याय मिलेगा?
इश्क़ सिर्फ दो तरफा नहीं होता,
इश्क़ सिर्फ प्यार वापस मिलना नहीं होता,
इश्क़ सिर्फ रातों में बातें करना नहीं होता,
कुछ इश्क़ बिन बातों के होते हैं ,
कुछ इश्क़ बिन प्यार मिले भी होते हैं ,
कुछ इश्क़ इसी तरीके के होते हैं ,
हाँ ,ये इश्क़ भी इश्क़ ही होते हैं|

-सोनल रॉय

40. इंटरनेट और प्यार

इस इंटरनेट की दुनिया में,
कुछ छुप -छुप के तुम्हारा नाम लिखने सा प्यार है तुमसे,
जहां सब व्हाट्सएप के लास्ट सीन की फिकर में रहते हैं,
वहाँ मुझे सिर्फ तुम्हारे मेरे आंखो के सामने के लास्ट सीन
की फिकर वाला प्यार है तुमसे|
होंगे बहुत तुम्हारे पीछे पागलों से भागने वाले,
पर कहा मिलेंगे तुम्हे मेरे जैसा यूं छुप -छुप के देखने
वाले?
सुनो , मेरी एक बात सुनो
मेरी सारी कविताओं में तुम्हें देखने का जिक्र होता है
क्या ऐसा प्यार इस इंटरनेट के ज़माने में आसानी से होता
है?

-सोनल रॉय

41. वो बारिश

जब- जब इन बूंदो की आवाज मेरे कानों को छू जाती है,
जब भी इस बारिश के पानी की खुशबू मेरे मन को छू जाती है,
कुछ अलग सा एहसास दे जाती है,
एक आस दे जाती है।।
न जाने इस एहसास को क्या कहते हैं
न जाने इस बारिश में मेरी बढ़ती धड़कनों को क्या कहते हैं
कुछ तो अलग सा है
कुछ तो है जो दिल से जुड़ा सा है
जो बारिश कुछ सालों पहले तक मुझे सिर्फ भींगने का आनंद देती थी
वही बारिश आज मुझे अपने कमरे में एक हाथ में चाय तो दूसरे हाथ में कविताएं लिखने का आनंद देती हैं |
जब -जब ये धीमी- धीमी बारिश आती है
मेरे अंदर कुछ अलग सी आस
कुछ अलग सी एहसास दे जाती है
बस कुछ अलग सी एहसास दे जाती है।।

-सोनल रॉय

42. बस एक बार आओ तो

आप बस एक बार आओ तो,
कुछ पल बिना बोले मेरे साथ बिताओ तो|
कोइ सवाल बिना पूछे,
मेरी हर बात का जवाब बन जाओ तो।।
कभी तो साथ बैठो मेरे,
कुछ शब्द पढ़ो तो मेरे,
कभी मेरे साथ खुदकी ही बाते करो तो,
कभी बस मेरे साथ कुछ अनकही बाते करो तो,
बस एक बार मेरे पास आओ तो।।

-सोनल रॉय

43. चाँद, मैं और मेरा दिल

वो जो दूर एक चांद है न,
उस चांद ने मेरी सारी बातें सुनी हैं ,
उस चांद ने मेरे सारे दाग देखे हैं ,
उस चांद ने मुझे समझा है,
उस चांद ने मुझे अपना माना है ,
आखिर अब,
उस चांद की तारीफ तो जरूरी है न?
मगर,
उस चांद की क्या तारीफ करूँ ,
जिस चांद के नीचे बैठे मैंने कितनी बातें खुदसे की हैं ,
जिस चांद की तरफ देखते हुए मैंने कितनी दुआएं की हैं,
जिस चांद की रोशनी में मैंने अपने आप को पहचाना है,
उसी चांद की मैं क्या तारीफ करूँ ,
जिसने मुझे टूटने पे संभाला है,
जिसकी तारीफ के काबिल शब्द कभी बनाए ही नही गए,
उस चांद की आखिर क्या ही तारीफ करू?

-सोनल रॉय

44. कुछ बातें दिल की

छोटी हूँ ,
जिन्दगी शुरू भी नहीं हुई अब तक मेरी,
पर कुछ बातें बखूबी समझ चुकी हूँ,
कुछ बातें जो मैं खुद से करती हूँ,
कुछ बातें जो मैंने खुदके दिल में छुपा रखी हैं ,
जो मैंने सबसे बचा रखीं हैं,
कुछ बातें जो गलत ही सही,
पर कहीं न कहीं मेरे दिल में सही हैं|
सब कुछ छुपाना आसान नहीं होता,
सारी बातें खुद से करना आसान नहीं होता,
पर अपने अलावा अपना और दोस्त ही कौन होता?
बातें भले ही बड़ी होंगी मेरी,
पर दिल अभी भी वो पाँच साल की बच्ची सा है,
आदतें भले ही खराब होंगी मेरी
पर करना भी कुछ अलग सा है,
खैर छोटी हूँ ,
दिल कहाँ मायने रखता मेरा,
थोड़ी बड़ी हो जाऊँ ,
तो शायद समझ सकूँ ये हाल मेरा|

-सोनल रॉय

45. अलग सी लड़की

हाँ मैं बाकियों की तरह नहीं हूँ,
थोड़ी अलग हूँ, थोड़ा दर्द छुपा लेती हूँ,
थोड़ा हँस कर सह लेती हूँ, थोड़ी सी जिद्दी हूँ,
पर मेरी ज़िद्द आप पर आते ही कहीं खो सी जाती है,
थोड़ा ज्यादा सोचती हूँ, पर ये सब कभी कहती नहीं,
थोड़ा ज्यादा गुस्सा होती हूँ, पर कभी जताती नहीं,
सब कुछ बताना चाहती हूँ,
पर ये सारे लफ़्ज़ मेरे दिल में ही रह जाते हैं,
हाँ हर एक चीज थोड़ा ज्यादा सोचती हूँ,
हर एक चीज आपको बताना चाहती हूँ,
आपको खुद से ज्यादा चाहती हूँ,
पर कभी कह नहीं सकती,
सोचती हूँ की कह दूँ किसी दिन,
पर कभी हिम्मत नहीं होती,
हर बात दिल के किसी छोटे से कोने में दबा लेती हूँ,
हर दिन थोड़ा ज्यादा सा मुस्कुरा देती हूँ,
ना जाने क्यूँ,
बाकियों की तरह नहीं बन पाती,
हाँ मैं बाकियों की तरह नहीं बन पाती|

-सोनल रॉय

www.ingramcontent.com/pod-product-compliance
Lightning Source LLC
LaVergne TN
LVHW092059060526
838201LV00047B/1471
9798887722269